すてきな　しせいで　かきましょう。

あいことばは、
ぴん・ぐう・ぴた

おうちの方へ
付録の「ユビックス・α《アルファ》プチ」を使えば，鉛筆を正しく持つ練習ができます。

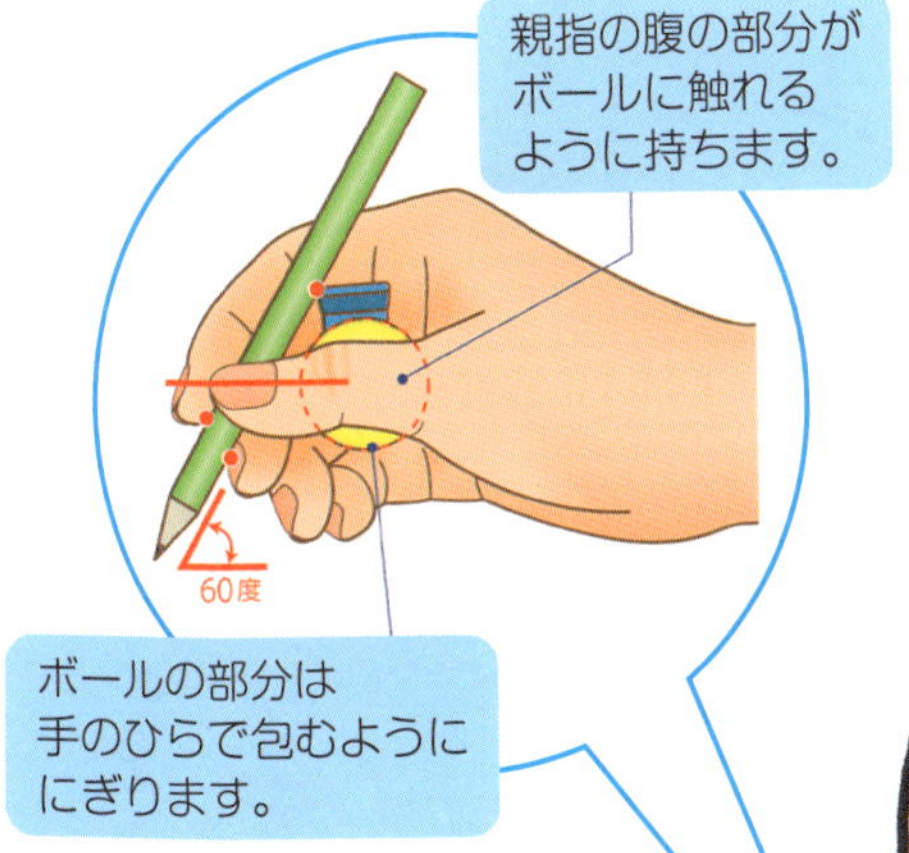
親指の腹の部分がボールに触れるように持ちます。
60度
ボールの部分は手のひらで包むようににぎります。

せなかは　ぴん
おなかと　つくえの
あいだに　ぐう
ひとつ
あしは　ぴた
てで、ドリル《どりる》を
しっかり　おさえます。

▼は何のしるし？

ドリルの中央下に▼マークがついています。このマークをおへそと合わせて，鉛筆を持たないほうの手でドリルをしっかりおさえると，正しい姿勢がとれます。

JN170741

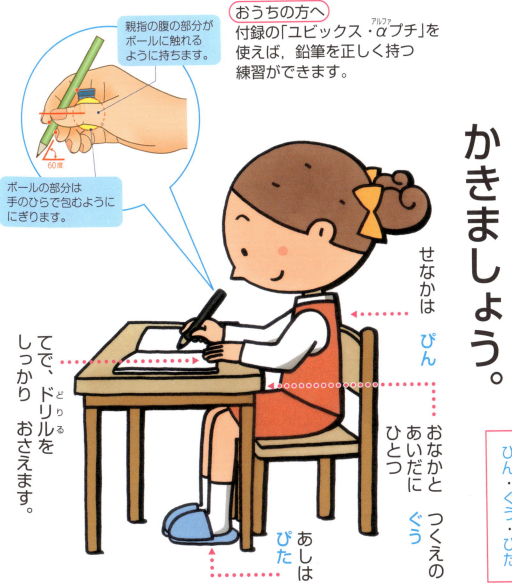

•から★まで、うすい　せんを
ていねいに　なぞりましょう。

なぞれたら、すきな
いろを　ぬりましょう。

姿勢や、鉛筆の持ち方に気をつけて、ゆっくり、
ていねいになぞりましょう。

ゆっくり　みちを　とおって、●から★まで　せんを　かきましょう。

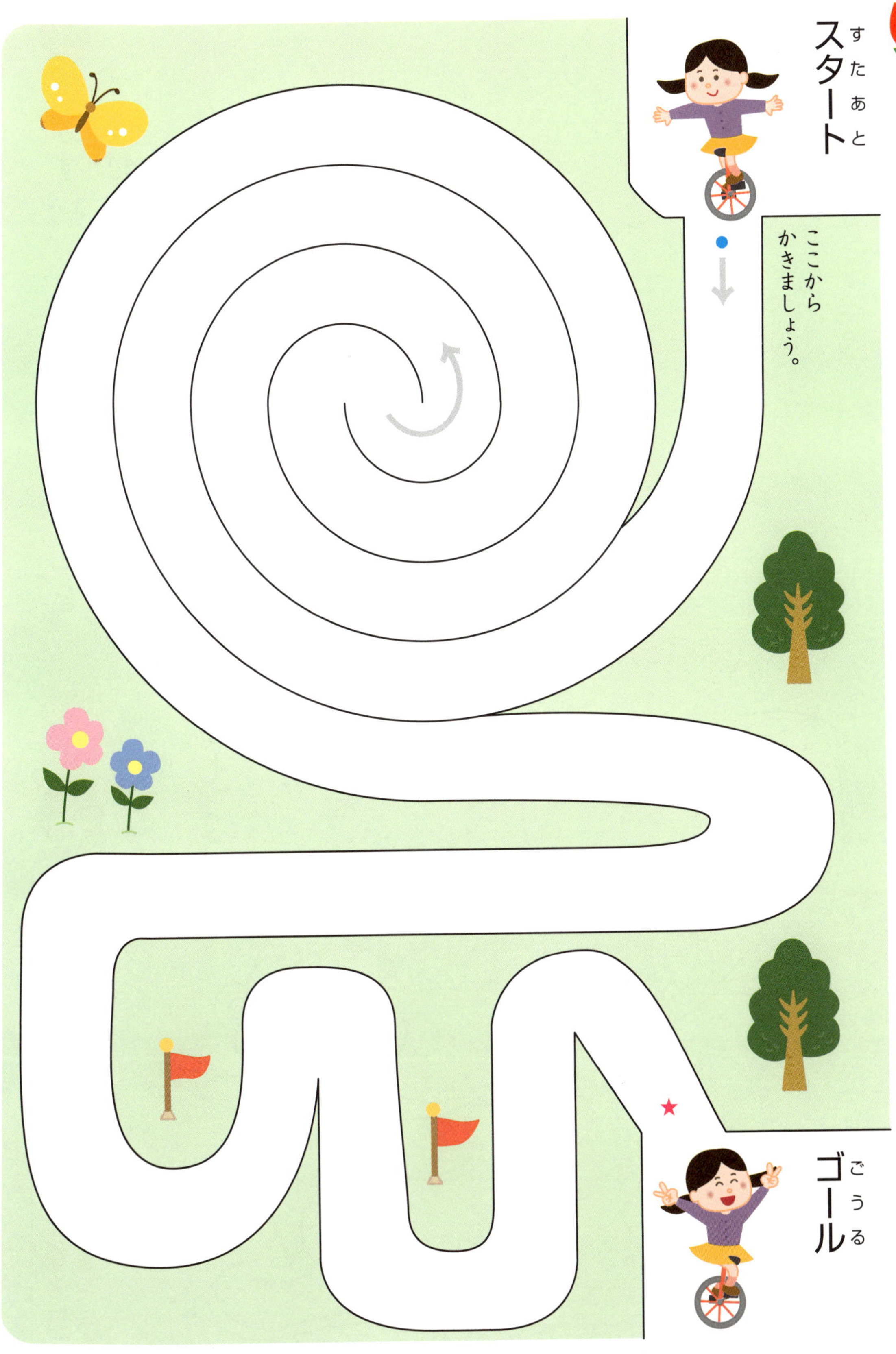

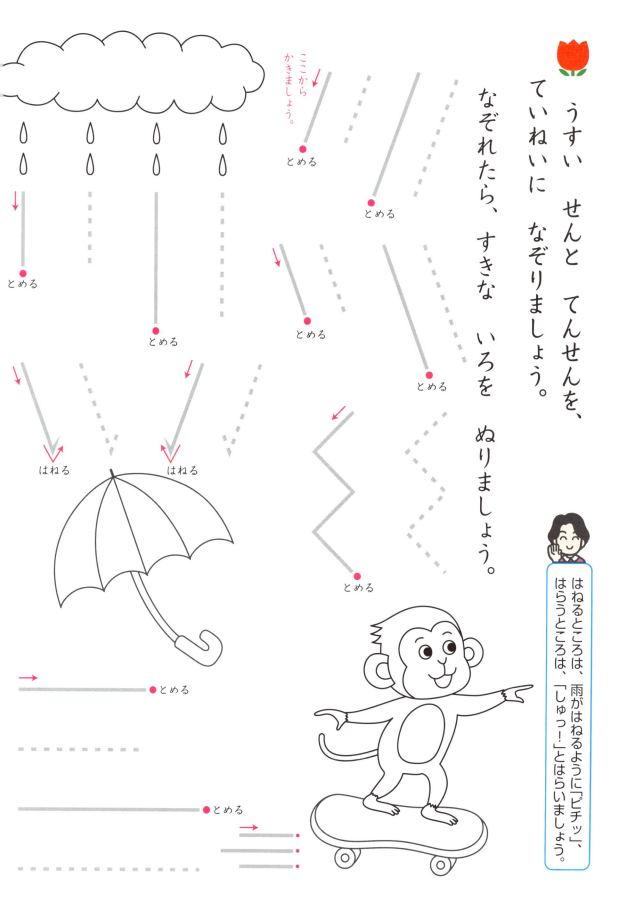

うすい せんと てんせんを、
ていねいに なぞりましょう。
なぞれたら、すきな いろを ぬりましょう。

はねるところは、雨がはねるように「ピチッ」、
はらうところは、「しゅっー.」とはらいましょう。

ここから
かきましょう。

とめる

とめる

とめる

とめる

とめる

とめる

とめる

はねる

はねる

とめる

とめる

はらう
はらう
はらう
はらう
とめる
1
2

よい しせいで かきましょう。

▶なぞりましょう。

つ

▶なぞりましょう。

つ

▶↓の ところから かきましょう。

▶かいて みましょう。

つり

り

つくし

くし

・つき

・つくえ

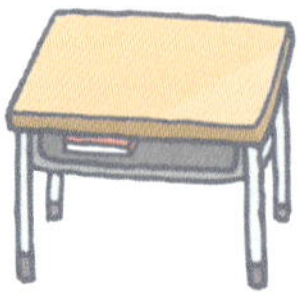

・かたつむり

うすい字は、なぞって書きましょう。

く

く

くつ

つ

くるま

るま

・くま

・くじら

・さくら

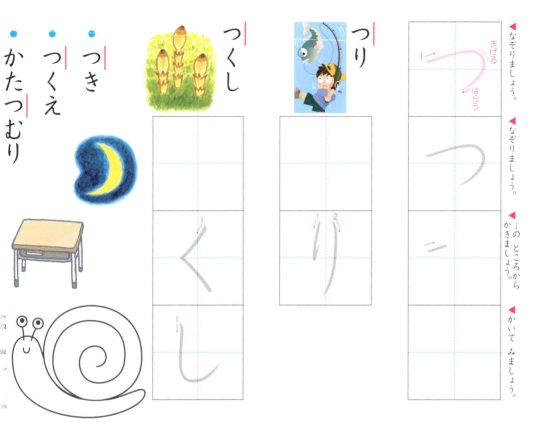

し

まげる はらう

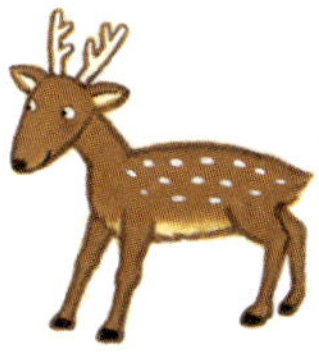

しか

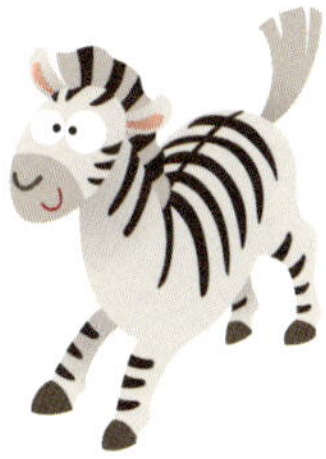

しまうま

- しいたけ
- しんかんせん
- しっぽ

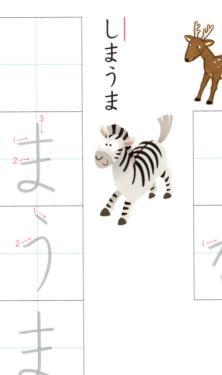

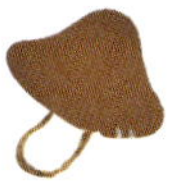

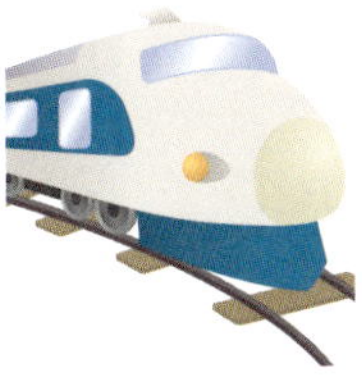

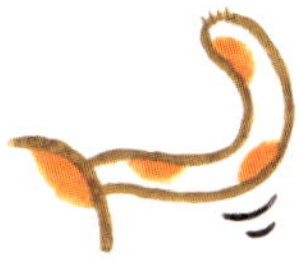

り

はねる はらう

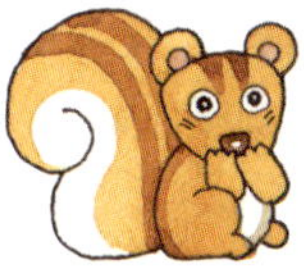

りす

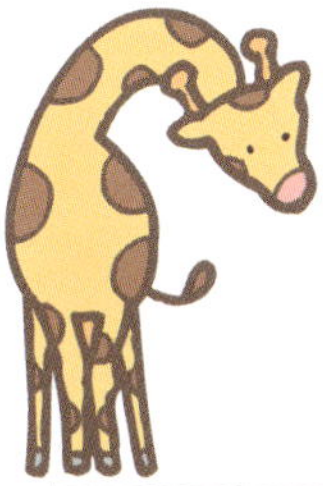

きりん

- あり
- りんご
- きゅうり

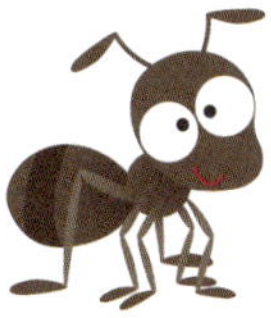

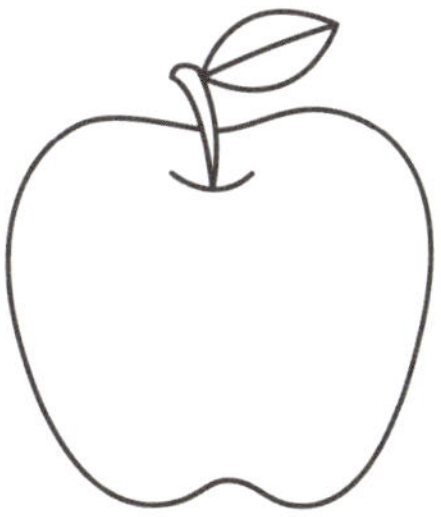

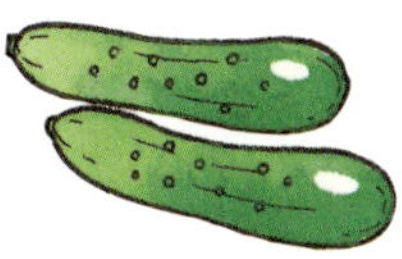

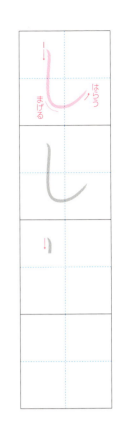

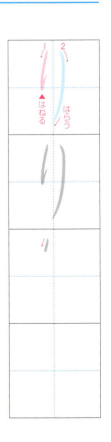

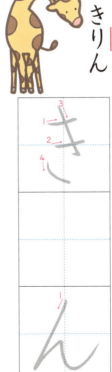

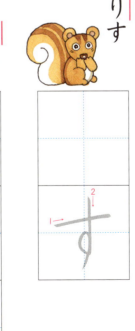

よく みて かきましょう。

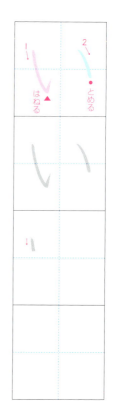

い
とめる
はねる

いか

いえ

- いちご
- いす
- いのしし

「い」は、ヽ（ななめに はねて）ヽ（同じ ななめで）できあがり!!

こ
はねる
とめる

こま

こたつ

- たこ
- ひよこ
- こいのぼり

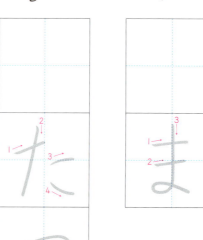

た

とめる

たぬき

ぬき

たいそう

いそう

たいこ

たけうま

たいやき

に

はねる

とめる

かに

か

にわとり

わとり

にじ

おに

にんじん

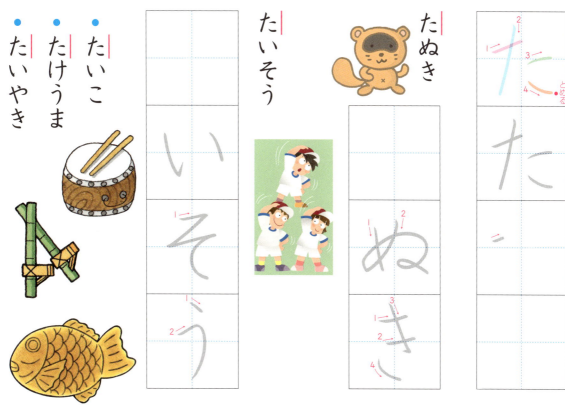

はねる ところに きを つけて かきましょう。

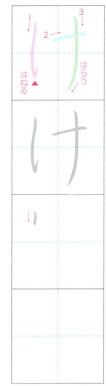

け（はらう・はねる）

けいと

けむし

・たけ

・おばけ

・けんだま

▼マークをおへその位置に合わせて、書いているかな。

か（とめる・はねる・とめる）

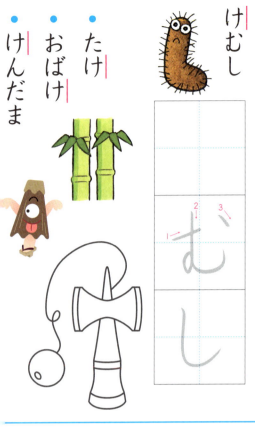

かさ

かえる

・かもめ

・かば

・かざぐるま

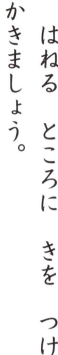

えを みて、□に あう じを かきましょう。（うすい じは、なぞりましょう。）

し
ろ
つ　し
ま

い
る
　め

と　ね
た　の
い

全部書けたら、「しろくま」「つくし」と、声に出して言ってみましょう。

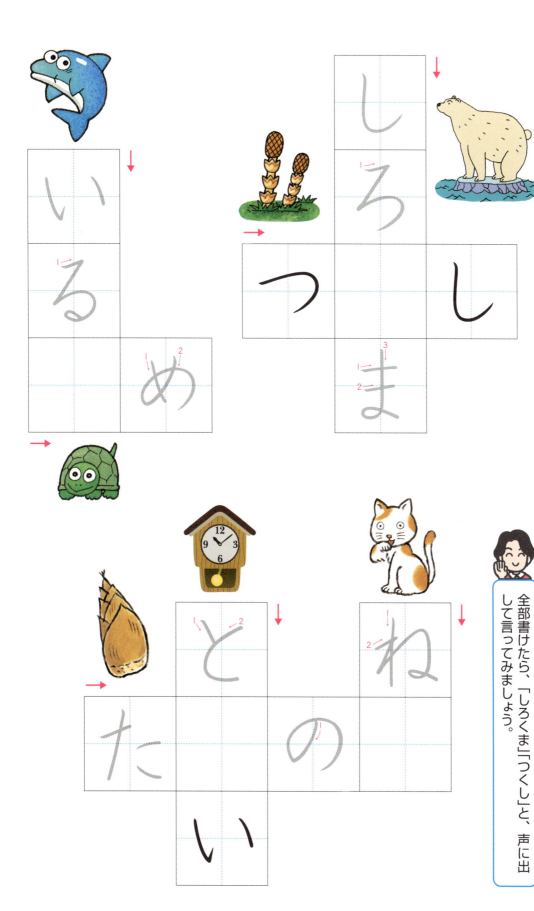

かたちの ちがいを よく みて かきましょう。

さ
はねる
とめる

さる

さかな

・かさ
・はさみ
・あさがお

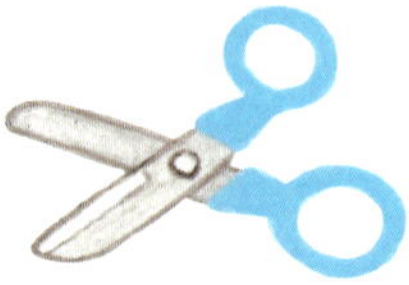

「さ」と「き」は、どこがちがうか、わかるかな。

き
はねる
とめる

きく

つみき

・かき
・きつつき
・きんぎょ

ゆっくりと　ていねいに
かきましょう。

おる
とめる

てんし

てじな

・てつぼう

・てぶくろ

・てんとうむし

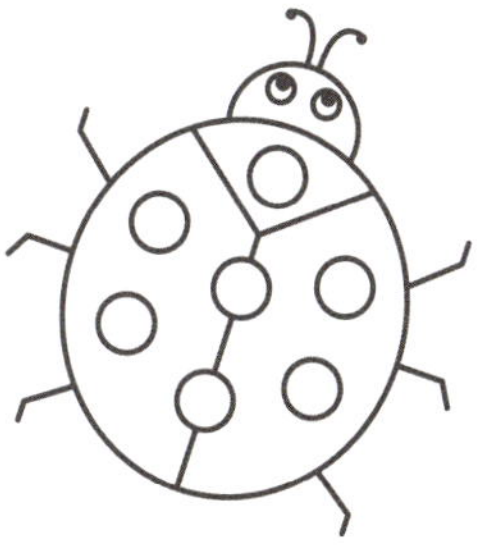

「てんし」「てじな」、「とら」「とけい」と言《い》いながら書《か》いてみましょう。

まげる
とめる

とら

とけい

・とんぼ

・えんとつ

・とうもろこし

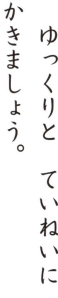

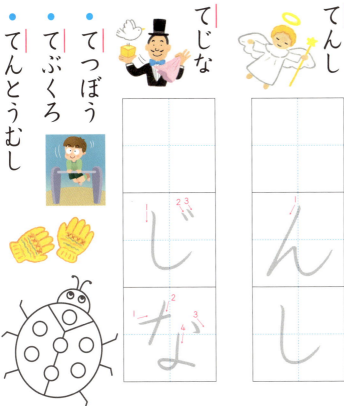

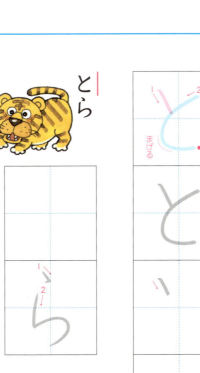

よい しせいで かきましょう。

う
はらう
う
う、

うし
し

うちわ
ちわ

- うきわ
- うさぎ
- うめぼし

「も」は、書き順をよく見て書こうね。

も
はらう
まげる
も
も、

すもう
すう

もくば
くば

- もも
- もぐら
- もみじ

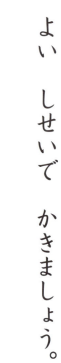

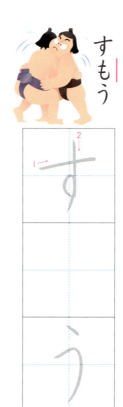

へ

おる

とめる

へそ

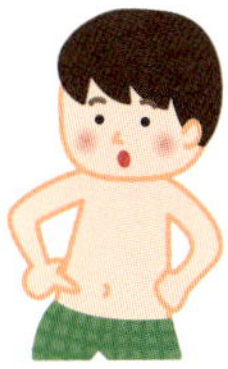

へちま

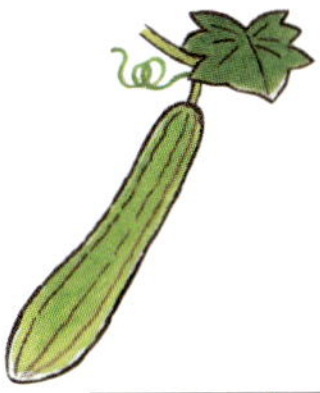

・へや

・へい

・へび

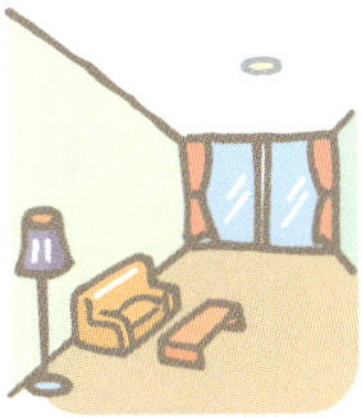

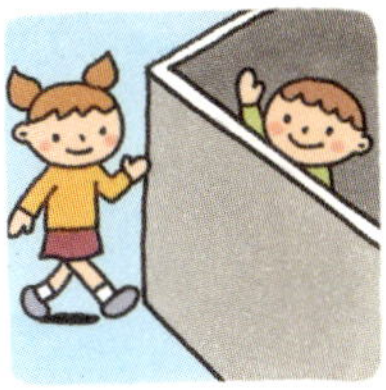

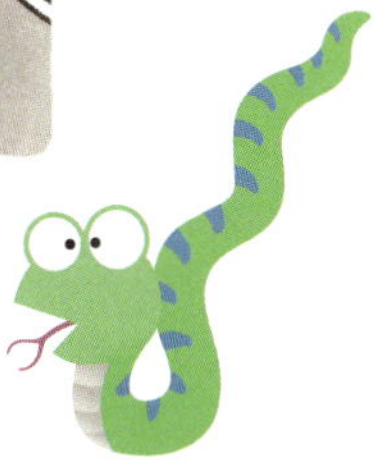

ひ

まげる

とめる

あひる

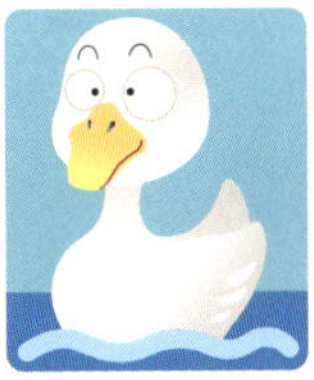

ひまわり

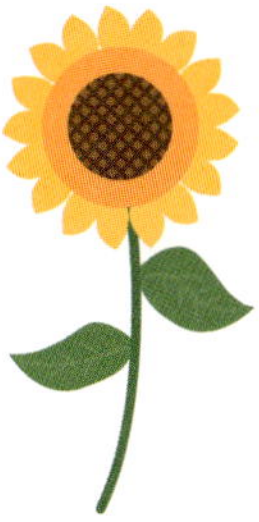

・おひさま

・ひつじ

・ひこうき

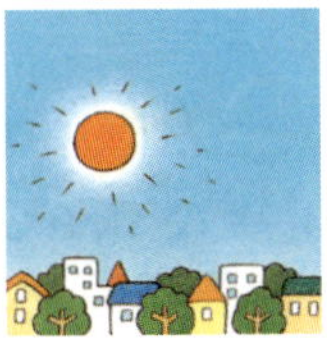

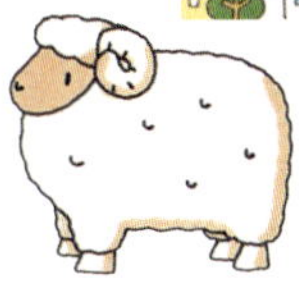

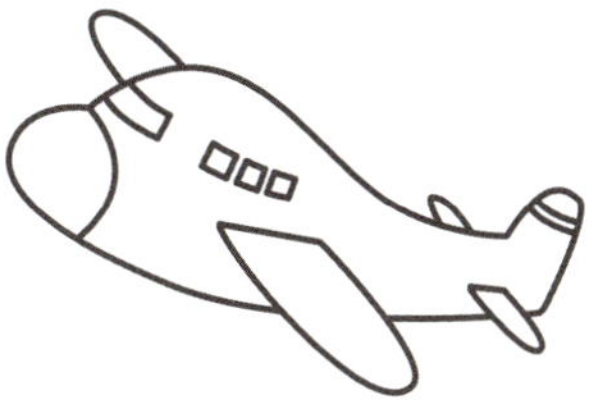

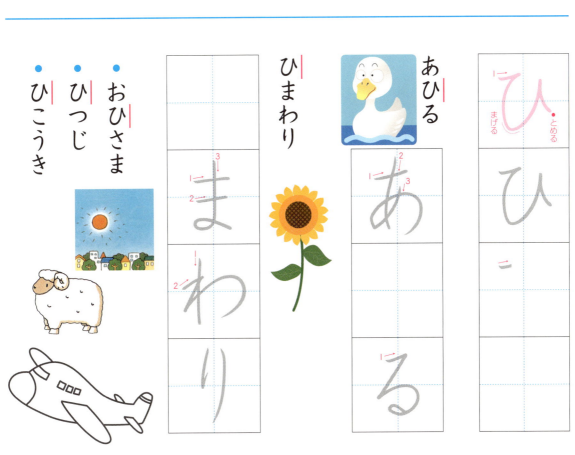

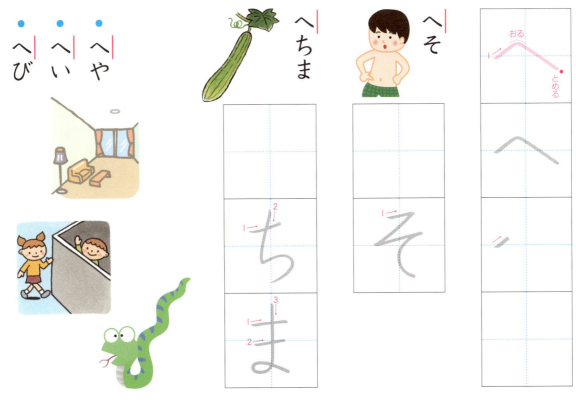

かたちの　ちがいを　よく　みて
かきましょう。

ろ

ふろ

ろば

・しろ

・ふろしき

・ろうそく

る

はる

ほたる

・ざる

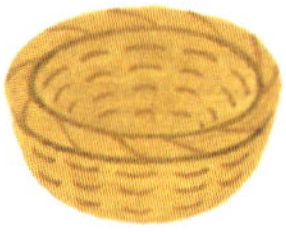

・かえる

・だるま

まるく書くところは、ゆっくりと、ていねいに書こうね。

ち

ち

はち

は

ちくわ

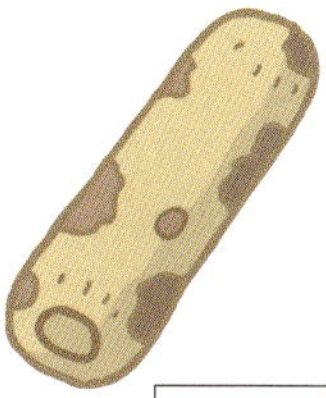

くわ

- ちきゅう
- ちょうちん
- かがみもち

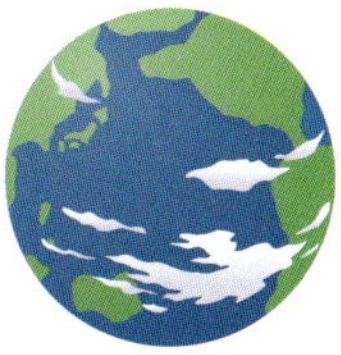

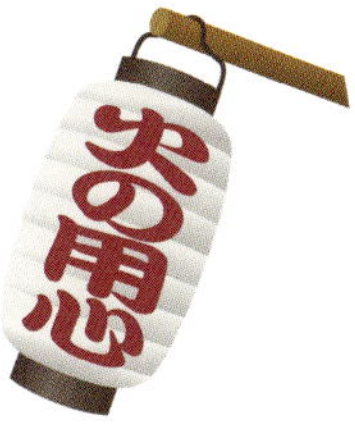

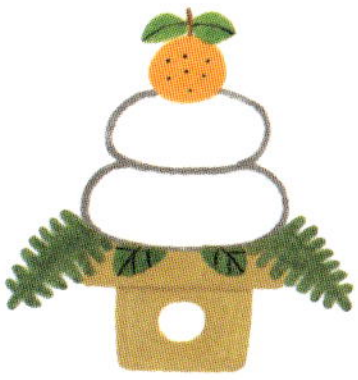

ら

ら

さくら

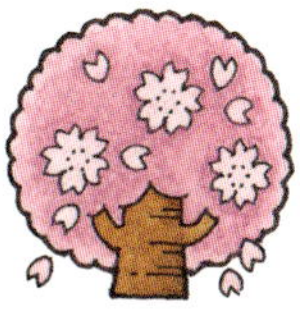

さく

らくだ

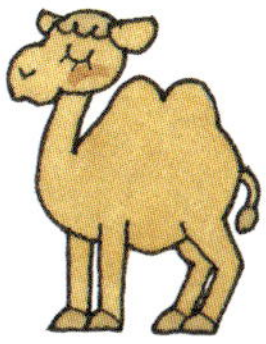

くだ

- ばら
- らっぱ
- くじら

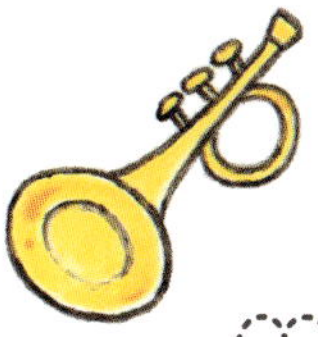

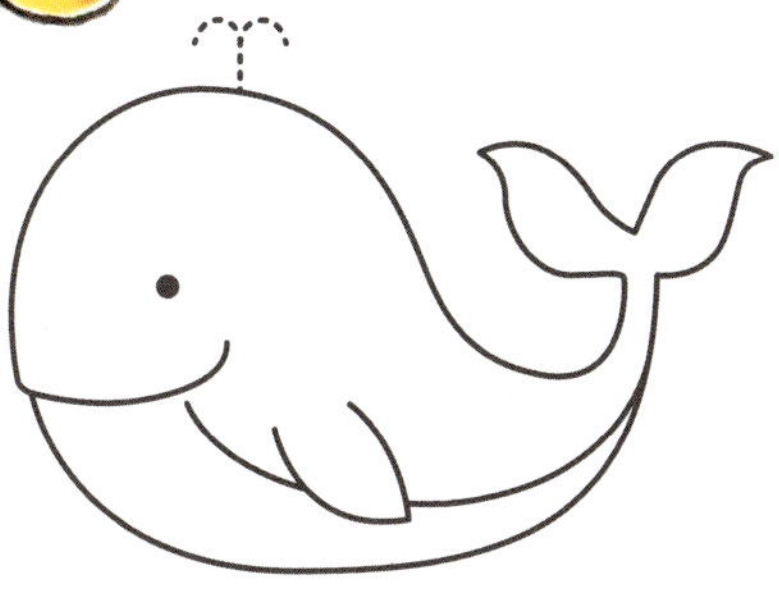

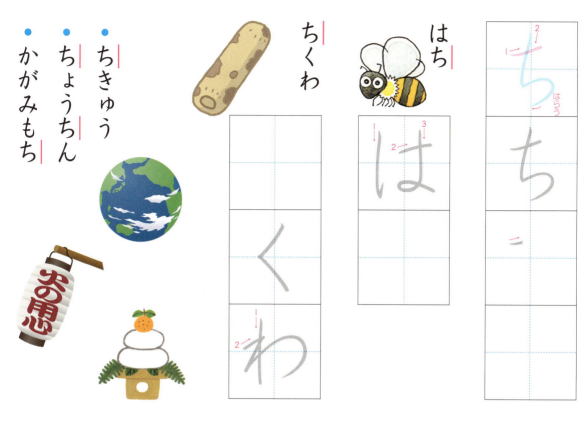

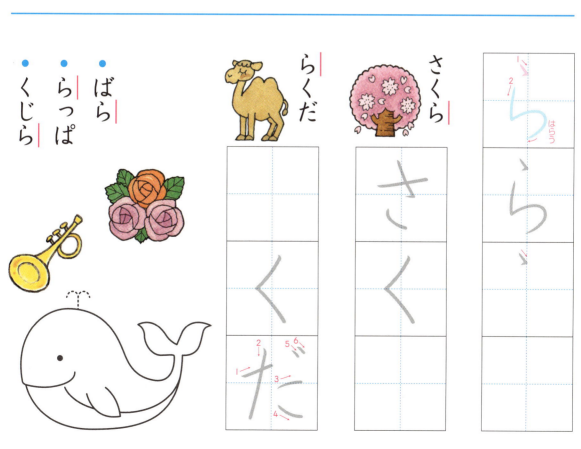

えに あう ただしい ことばを とおって、スタート《すたあと》から ゴール《ごうる》まで すすみましょう。

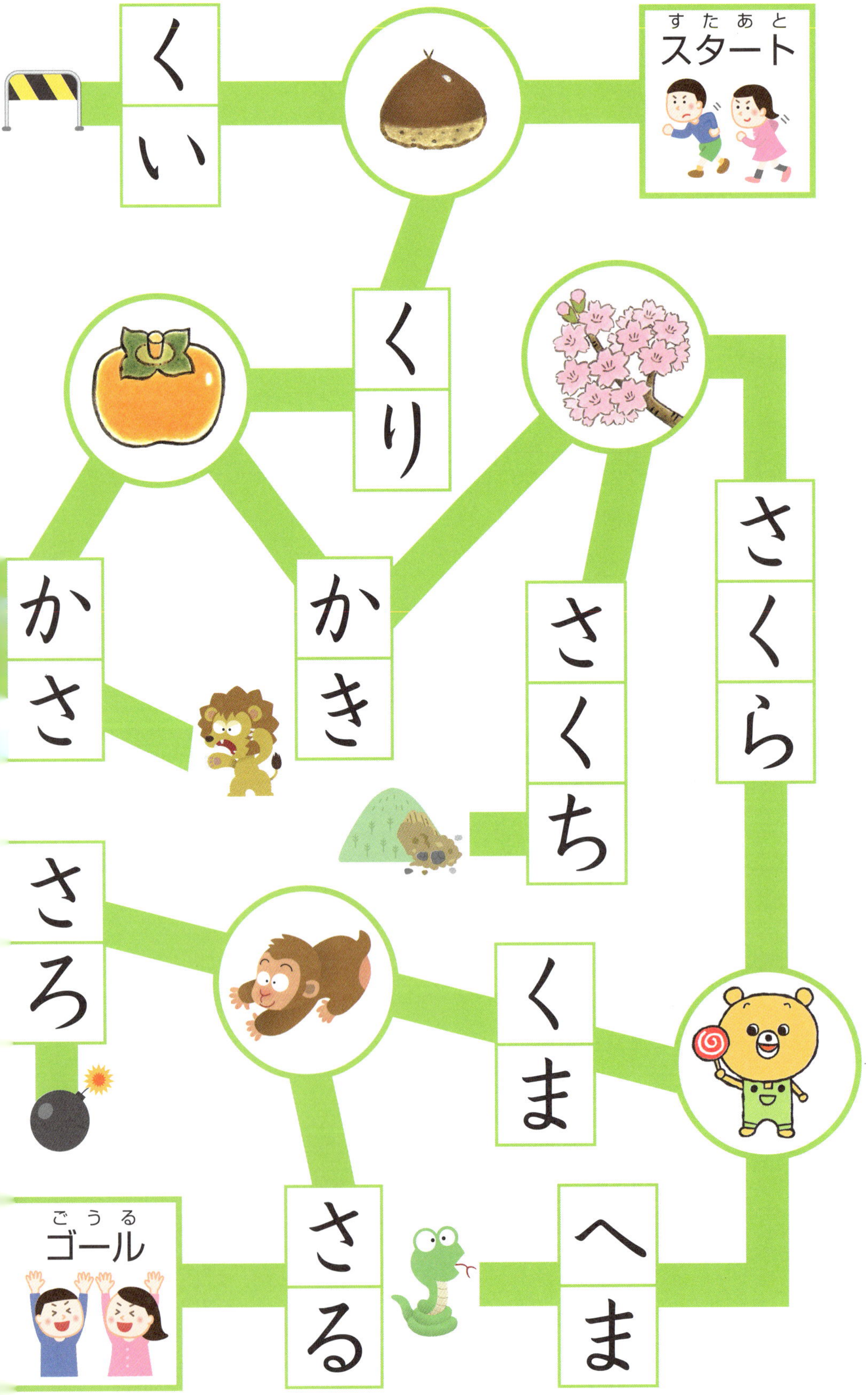

ゆっくりと ていねいに かきましょう。

の（まげる・はらう）

きのこ

のれん

- みのむし

- のりまき

- のこぎり

「あ」の最後《さいご》は、あ（まるめて しゅっ！）と書《か》きましょう。

あ（とめる・とめる・はらう）

あり

あめ

- あさひ

- わたあめ

- あじさい

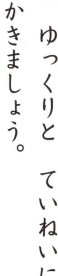

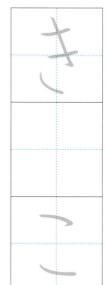

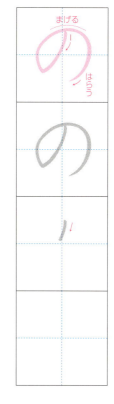

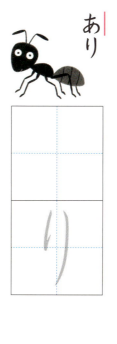

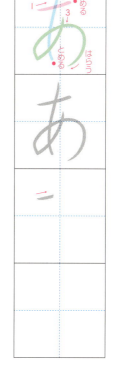

かたちの ちがいを よく みて
かきましょう。

め

はらう
とめる

かめ

めだか

あめ

めがね

めざましどけい

「わ・れ」の形のちがいをよく見て書こうね。

ぬ

とめる
むすぶ

いぬ

ぬりえ

たぬき

てぬぐい

せんぬき

わ

かわ

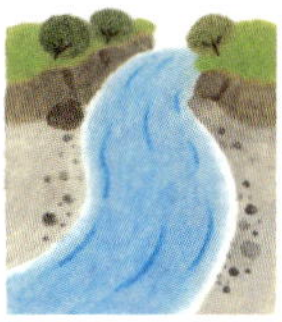

わに

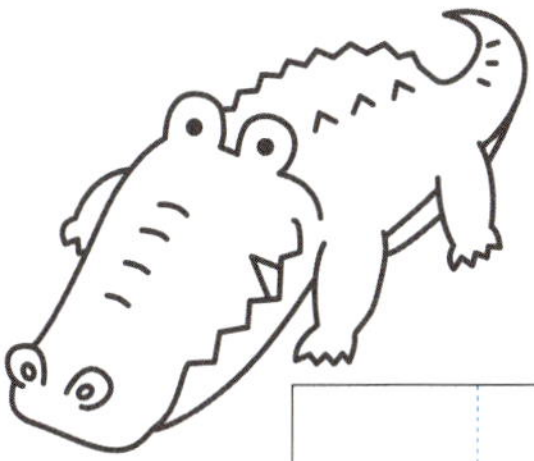

- わなげ
- ゆびわ
- ひまわり

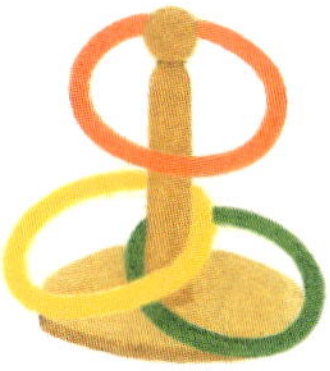

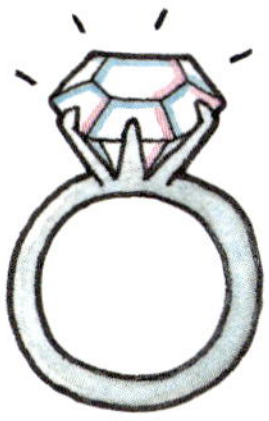

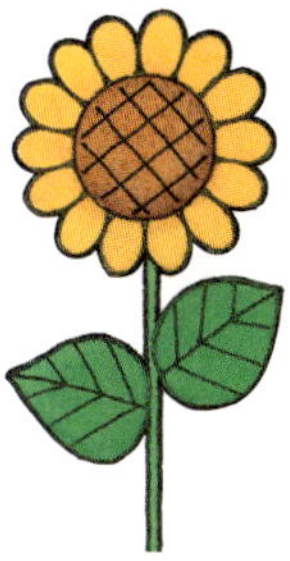

れ

すみれ

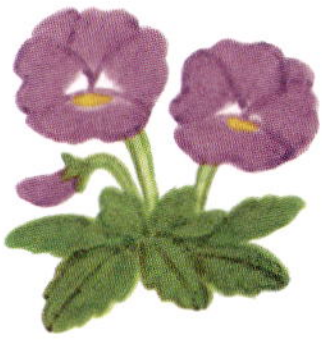

れんこん

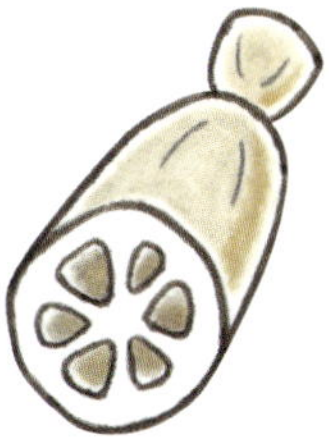

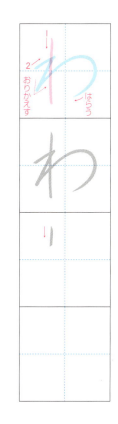

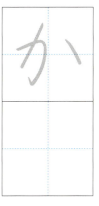

- れんげそう
- れいぞうこ
- ほうれんそう

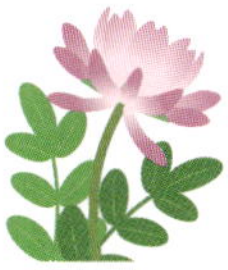

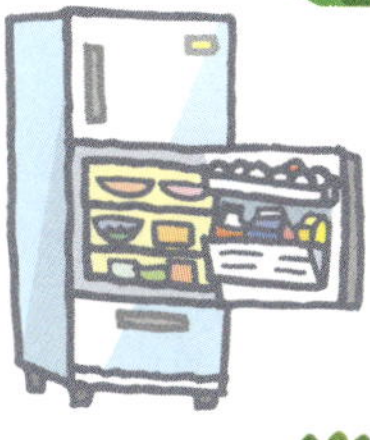

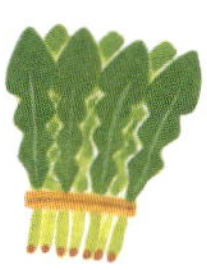

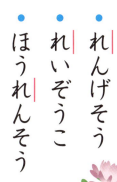

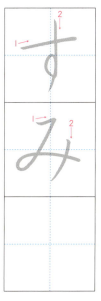

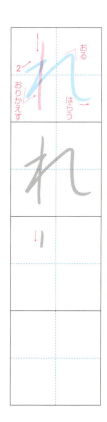

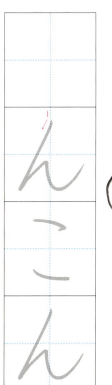

まるく かくところに きをつけて かきましょう。

ね

1 2 とめる むすぶ おりかえす

ねこ

きつね

・ふね
・ねずみ
・たまねぎ

「す」のまるめるところは、たて長に書《か》くよ。

お

1 2 3 むすぶ はらう

おに

こおり

・おりがみ
・おむすび
・おはじき

みむすぶとめるはらう

み

せみ

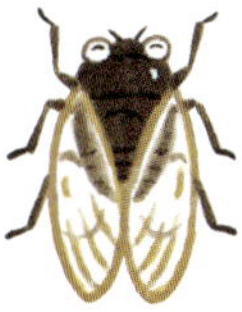

せ

みかん

かん

・みち
・つきみ
・みずでっぽう

すとめるむすぶはらう

す

すいか

いか

すずめ

ずめ

・たんす
・なす
・すべりだい

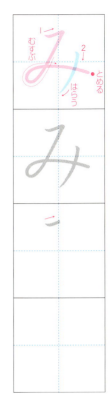

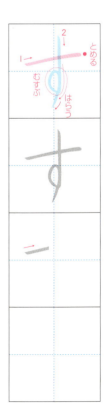

「ねこ」、「わに」の なかに、ちがう ことばが ふたつずつ かくれて います。それを さがして ◯で かこみましょう。

ねこ ねこ
ねこ ねこ ねこ
ねこ ねこ
ねこ ねこ ねこ
ねこ ねこ
ねこ ねこ
わこ
ねこ ねこ ねこ
ねこ ねこ ねこ
ねこ ねこ
わこ
ねこ ねこ ねこ

わに わに わに
わに わに
れに
わに わに わに
わに わに
わに わに
わに わに
わに わに
わに わに わに
れに わに
わに わに
わに わに わに

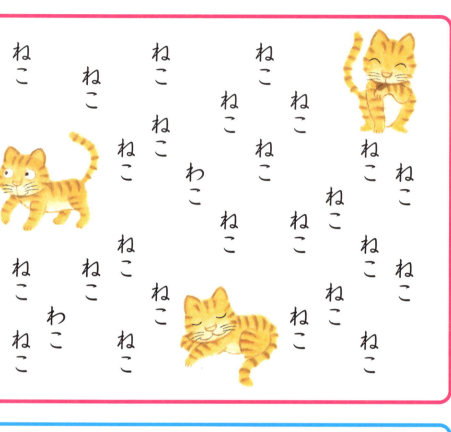

ただしい　かきじゅんで
かきましょう。

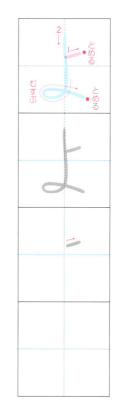

よ（とめる・とめる・むすぶ）

ひよこ

よあけ

- ちよがみ
- がようし
- よぼうちゅうしゃ

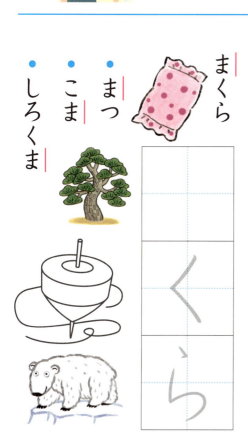

正しい書き順で書けているかな。

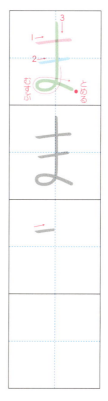

ま（とめる・むすぶ）

うま

まくら

- まつ
- こま
- しろくま

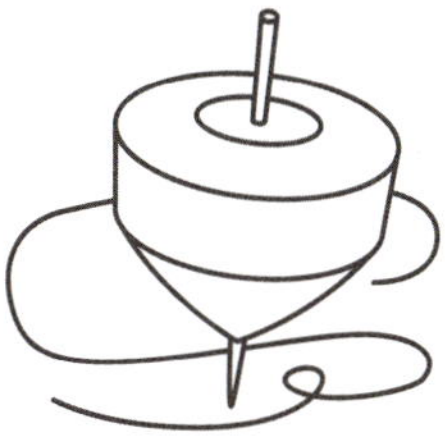

かたちの ちがいに きを
つけて かきましょう。

は（とめる・むすぶ・はねる）

はと

とめる
むすぶ
はねる

はな

・はし

・はた

・はなび

「は」と「ほ」は、どこがちがうかな。よく見て書こうね。

ほ（とめる・むすぶ・はねる）

ほし

えほん

・ほね

・ほうき

・ほたる

ゆっくりと　ていねいに　かきましょう。

せ
はねる
とめる
まげる
せ

みせ

み

せんろ

ん
ろ

・せんべい

・せんぷうき

・せばんごう

「そ」は一筆で書くよ。ゆっくりと、ていねいに書こうね。

そ
おる
おる
とめる
そ

そら

ら

そり

り

・そば

・みそしる

・そうじき

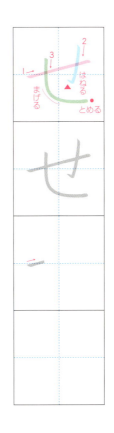

ゆっくりと　ていねいに
かきましょう。

ん　ん　ん
おりかえす　はらう

やかん

や　か

りんご

り　ご

・だんご
・たんぽぽ
・じゃんけん

「ん」と「え」は、いったん止まって、来た道をもどるように書くよ。

え　え　え
おりかえす　とめる

えき

き

ふえ

ふ

・いえ
・えび
・えんぴつ

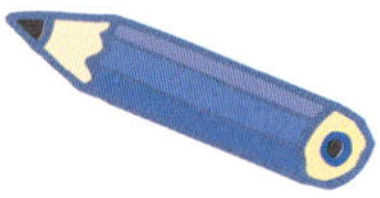

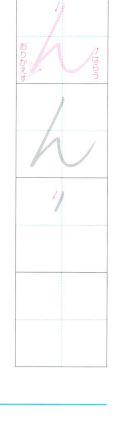

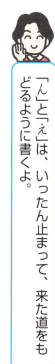

よく　みて　かきましょう。

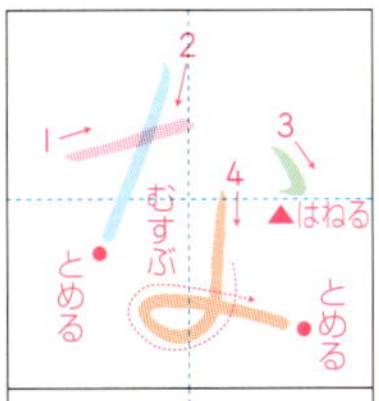

な

なす

す

なべ

べ

・つなひき
・ながぐつ
・なわとび

むずかしい形《かたち》の字《じ》です。ていねいに書《か》こうね。

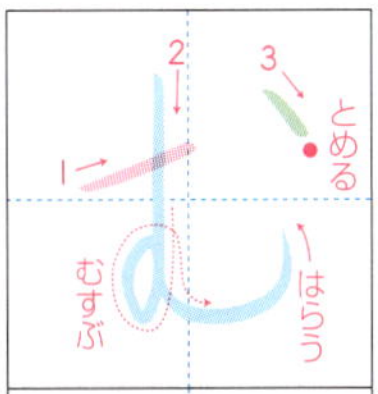

む

むぎ

ぎ

けむり

け
り

・けむし
・むしかご
・かぶとむし

ただしい　かきじゅんで
かきましょう。

や
1 2 3
はらう
とめる

やま

おやつ

・や
・やぎ
・やきいも

「や」はや、「ふ」はふ、「ゆ」はゆの形になるように書くといいよ。

ふ
1 2 3 4
はらう
とめる

ふね

とうふ

・ふえ
・ふんすい
・ふうせん

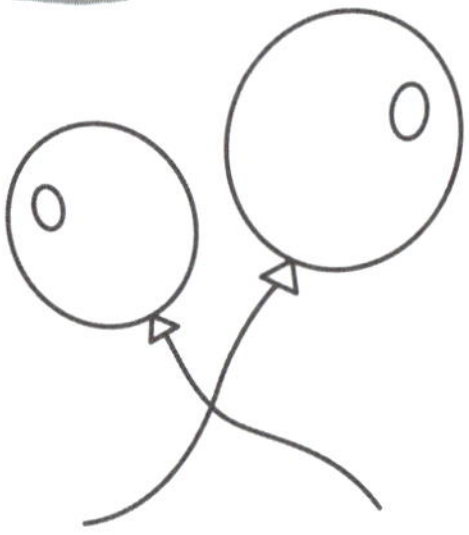

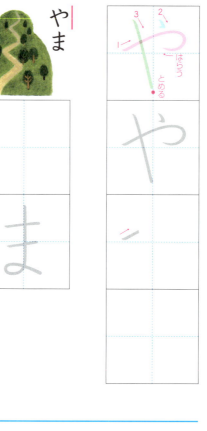

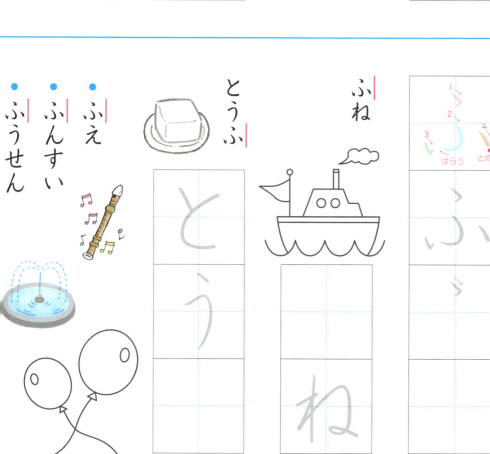

ゆ

おりかえす
はらう

ゆ

ゆり

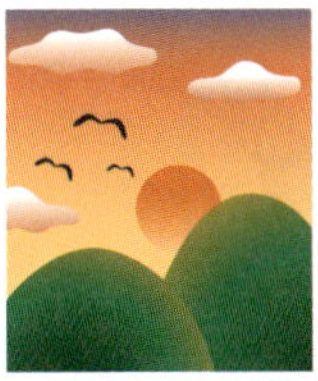

ゆうひ

うひ

りり

・ゆかた

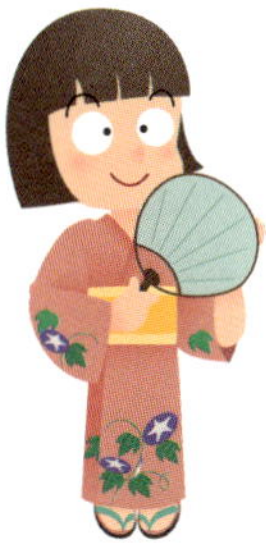

・ゆきだるま

・ゆうえんち

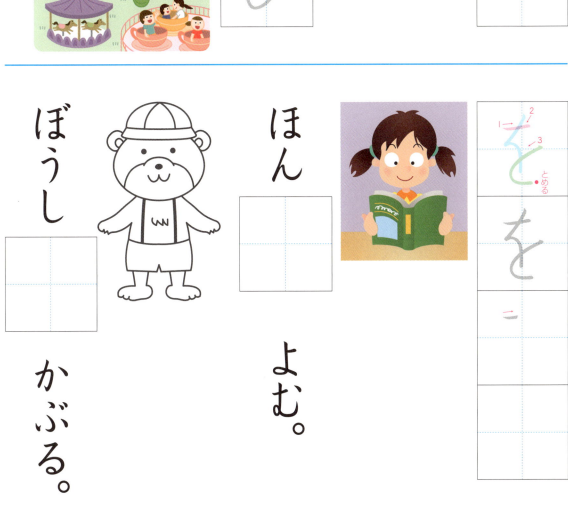

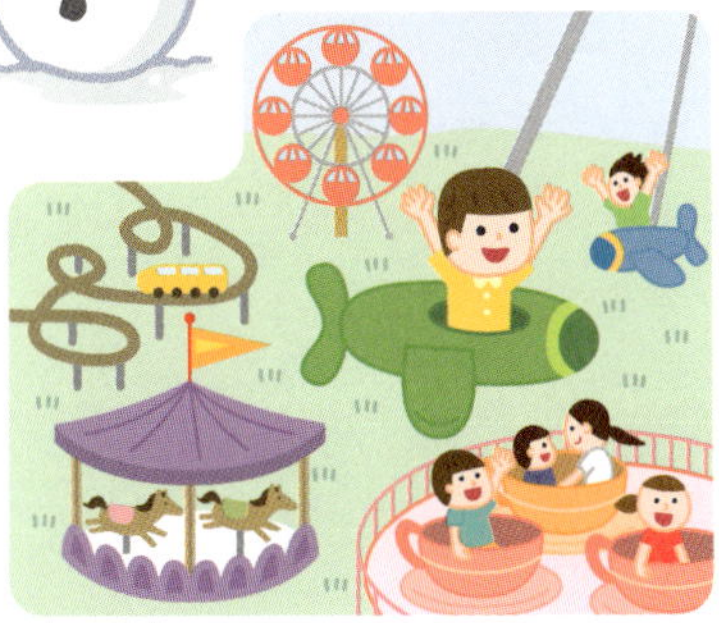

を

とめる

を

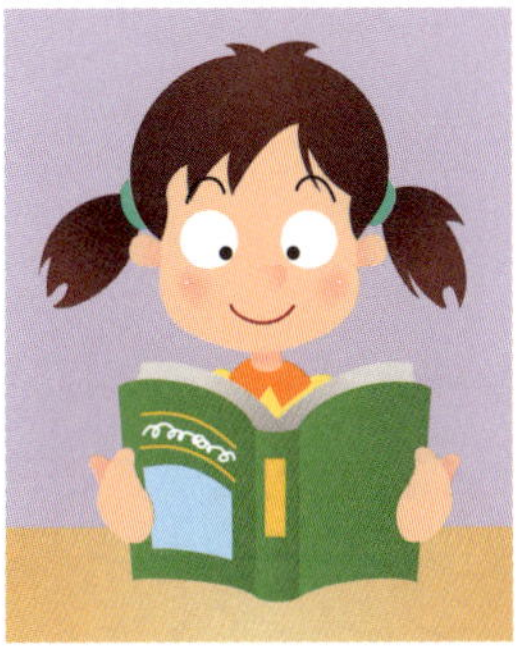

ほん

よむ。

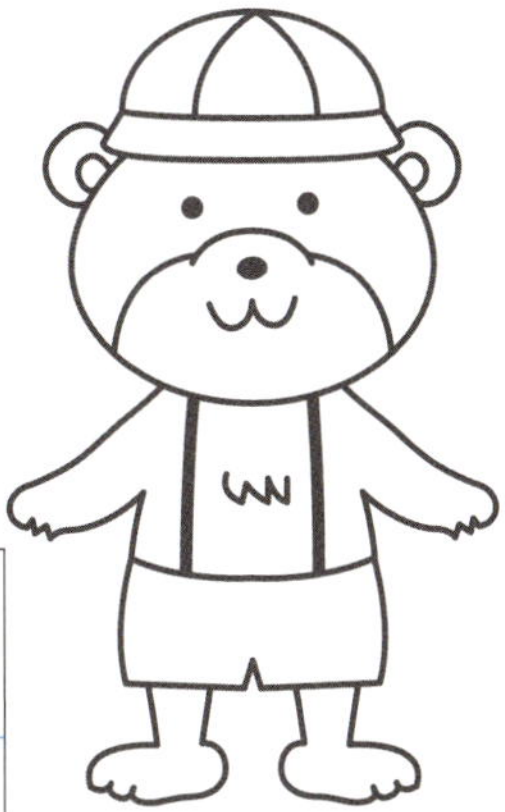

ぼうし

かぶる。

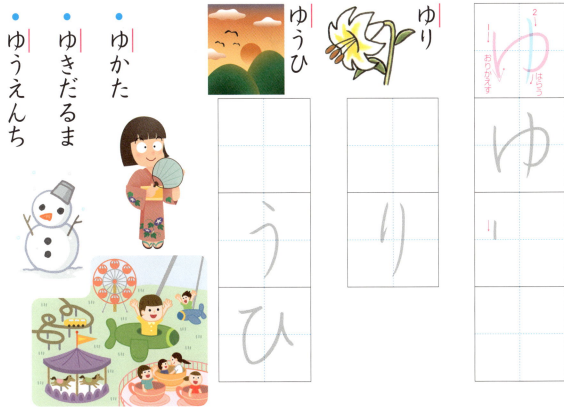

□に　あう　じを　かいて、しりとりを　しましょう。
（うすい　じは、なぞりましょう。）

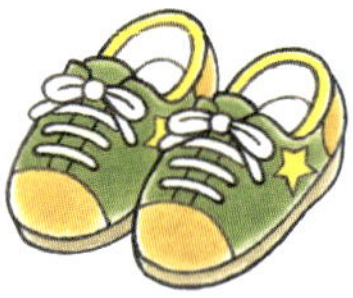

く

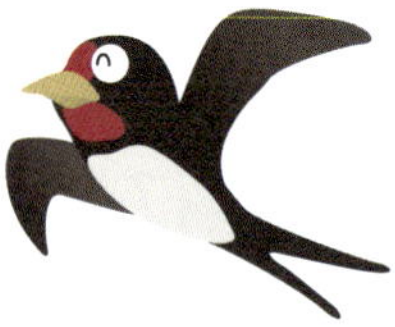

ば

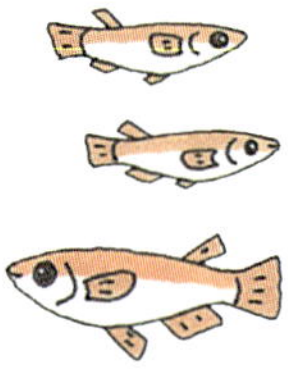

だ

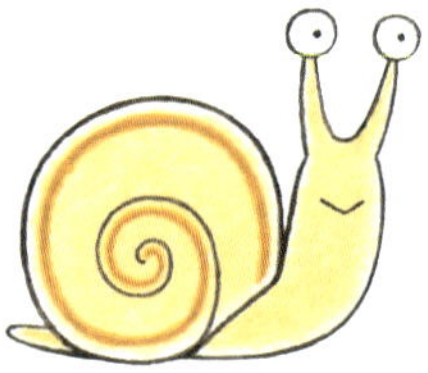

つ

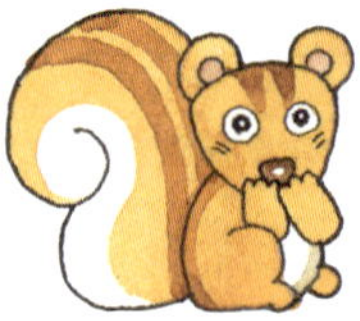

す

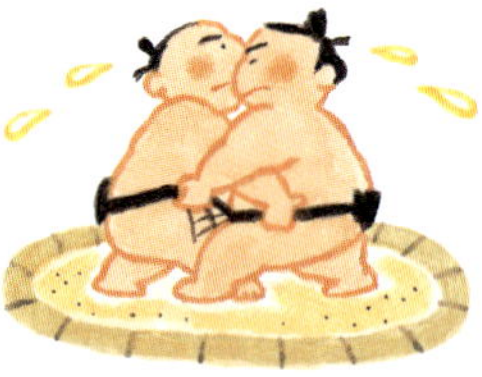

も

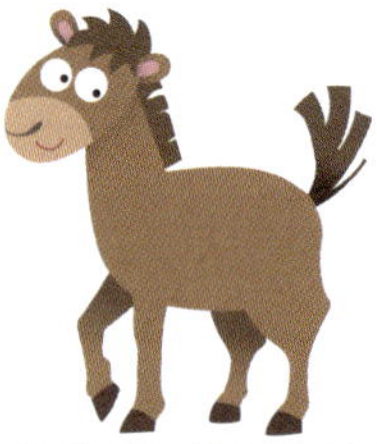

つづきを　いって　みましょう。

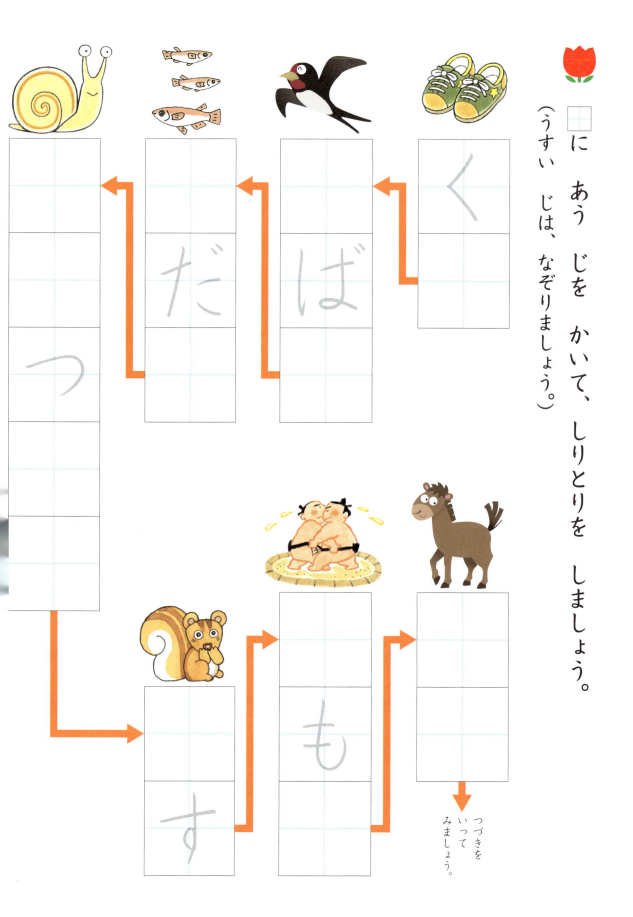

「゛」の つく じに きを つけて、
えの なまえを かきましょう。
（うすい じは、なぞりましょう。）

①

じ

②

ん

③

ら

④

か

ま

初めに、絵の名前を言ってみましょう。「゛」(てんてん)の書き順に気をつけて書こうね。

「゛」の つく ことば
- めがね
- ぼうし
- どんぐり

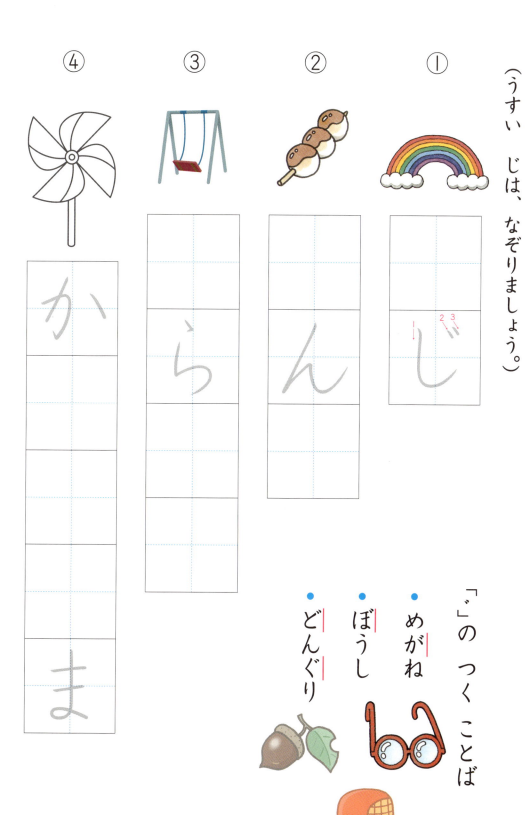

「゜」の つく じに きを つけて、えの なまえを かきましょう。
（うすい じは、なぞりましょう。）

初めに、絵の名前を言ってみましょう。「゜」(まる)は、「は・ひ・ふ・へ・ほ」だけにつきます。

①

っ ぱ

②

え

③

た

④

せ き

「゜」の つく ことば

・らっぱ

・きっぷ

・さんぽ

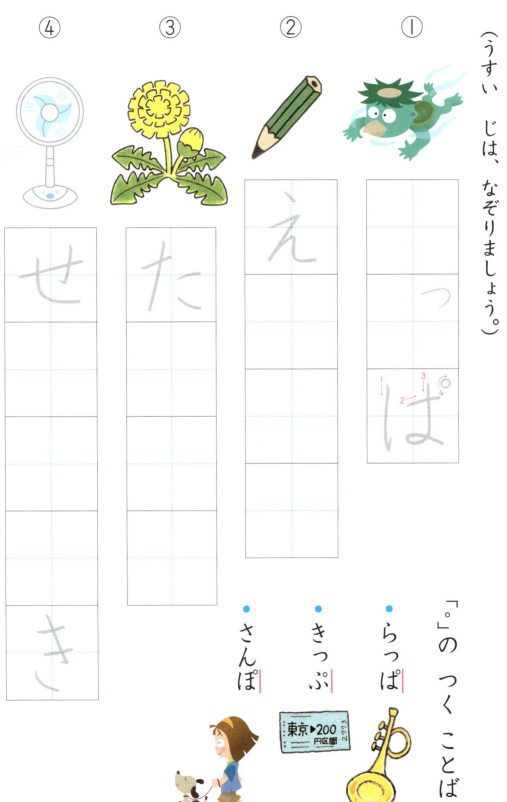

ちいさく かく じに きを つけて、えの なまえを かきましょう。
（うすい じは、なぞりましょう。）

小さく書く「っ」や「ゃ・ゅ・ょ」は、ますの右上に書きます。

っ ゃ ゅ ょ の つく ことば

・しっぽ
・ちゅうしゃ
・きんぎょ

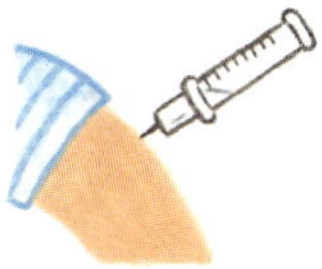

①

ば□た

②

も□□□

③

に□□□

④

き□□り□□

えの なかに、 おかしの なまえが かくれて います。
じを さがして、 おかしの なまえに なるように □に かきましょう。

はじめに、こえに だして よみましょう。
よめたら、ていねいに なぞりましょう。
さいごに、じぶんで かいて みましょう。

文の終わりには、ますの右上に「。」(まる)をつけます。「。」(まる)も書いてみようね。

こぶたのしっぽ。

びっくりばこをあける。

しゃぼんだまをとばす。

(36ぺーじの答え…せんだい)

形をよく見て，正しい書き順で書こうね。
「5」や「7」は，一筆で書かないようにしましょう。

ろく	しち(なな)	はち	く(きゅう)	じゅう
6	7	8	9	10

6	7	8	9	10

すうじの　かたちや　かきじゅんに　きを　つけて　かきましょう。

	いち	に	さん	し(よん)	ご
なぞりましょう。	1	2	3	4	5

なぞりましょう。	1	2	3	4	5
↓の　ところから　かきましょう。					
かいて　みましょう。					
かいて　みましょう。					

１から　10までの　すうじが　ふたくみ　あります。
それぞれ　じゅんばんに、せん　せん　のように
つなぎましょう。（つなげたら、すきな　いろを　ぬりましょう。）

なまえの れんしゅうを しましょう。

1. おてほんを なぞりましょう。
2. じぶんで くりかえし かいて みましょう。

名前をたてに書く練習をしましょう。
最初にお手本をなぞって書こうね。

おてほん

おうちの方へ ▶ここにお手本を書いてください。43ページの「ひらがな五十音表」の文字を切り取ってはることもできます。

なまえの れんしゅうを しましょう。

次は，名前を横に書く練習をしましょう。
お手本を見ながら，ていねいに書こうね。

1. おてほんを　なぞりましょう。
2. じぶんで　くりかえし　かいて　みましょう。

おてほん

おうちの方へ　▲ここにお手本を書いてください。45ページの「ひらがな五十音表」の文字を切り取ってはることもできます。

おうちの方へ

ひらがな五十音表です。41ページの「なまえのれんしゅう」のお手本として使うことができます。

は	な	た	さ	か	あ
ひ	に	ち	し	き	い
ふ	ぬ	つ	す	く	う
へ	ね	て	せ	け	え
ほ	の	と	そ	こ	お

	っ	ん	わ	ら	や	ま
	ゃ		い	り	い	み
	ゅ		う	る	ゆ	む
	ょ		え	れ	え	め
			を	ろ	よ	も

切り取って、おてほんのマスにはりつけることができます。コピーして使うと、同じ字を何度も使えます。濁点「゛」や半濁点「゜」は、書き加えてください。

うらの「ひらがな五十音表」の文字を切り取って、41ページの名前の練習のお手本として使うことができます。

おうちの方へ

ひらがな五十音表です。42ページの「なまえのれんしゅう」のお手本として使うことができます。

切り取って，おてほん のマスにはりつけることができます。コピーして使うと，同じ字を何度も使えます。濁点「゛」や半濁点「゜」は，書き加えてください。

あ	い	う	え	お
か	き	く	け	こ
さ	し	す	せ	そ
た	ち	つ	て	と
な	に	ぬ	ね	の
は	ひ	ふ	へ	ほ

ま	み	む	め	も
や	い	ゆ	え	よ
ら	り	る	れ	ろ
わ	い	う	え	を
ん				
っ	ゃ	ゅ	ょ	

うらの「ひらがな五十音表」の文字を切り取って、42ページの名前の練習のお手本として使うことができます。

てがみを かきましょう。

ともだちや　おうちの　ひとに、
てがみを　かいて　みましょう。

カード《かあど》の　つかいかた（おもて）

- ------の　ところで　きりとります。
- 「ありがとう」や　「おねがい」
  などの　ことばを　かきます。
- うえに，てがみを　わたす　ひとの
  なまえを　かきます。
- したに，じぶんの　なまえを
  かきます。

〈れい〉

（おもて）

カード《かあど》の　つかいかた（うら）

- じぶんが　おもって　いる　ことや，つたえたい　ことを，カード《かあど》の　うらに　かきます。
- カード《かあど》の　まんなかで　ふたつに　おって　わたしましょう。

〈れい〉

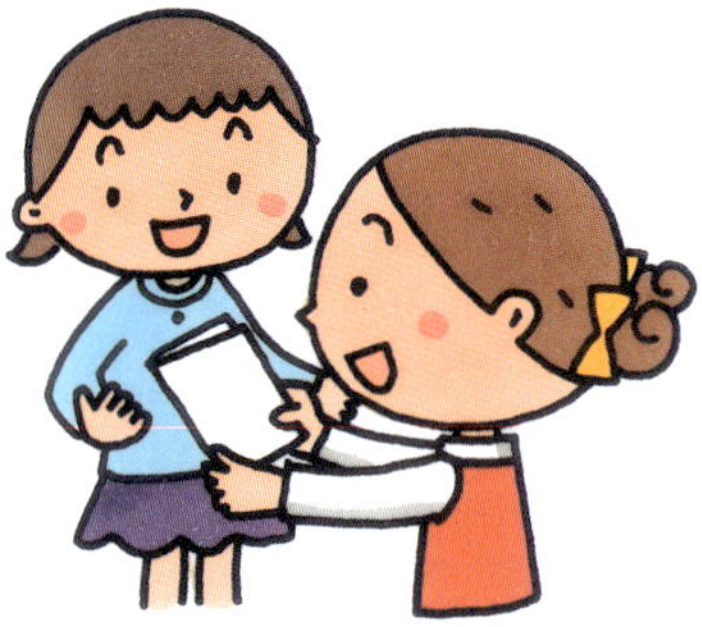

（うら）